Les requins

Crédits photographiques

Doug Perrine / Innerspace Visions : pages 8, 11 à 15, 24, 26
Gwen Lowe / Innerspace Visions : pages 6, 18
Rudie Kuiter / Innerspace Visions : pages 18, 19, 24
Norbert Wu / Innerspace Visions : pages 14, 19
Mark Conlin / Innerspace Visions : pages 15, 29
Michael Nolan / Innerspace Visions : page 8
Ron et Valerie Taylor / Innerspace Visions : page 13
Nigel Marsh / Innerspace Visions : page 15
David B. Fleetham / Innerspace Visions : page 19
Amos Nachoum / Innerspace Visions : page 20
Tom Campbell / Innerspace Visions : page 23
Scott Michael / Innerspace Visions : page 25
Jeff Rotman / Innerspace Visions : page 28
Norbert Wu : pages 6 et 7, 12, 21, 27 à 29
Bruce Rasner / Norbert Wu : page 22
Marty Snyderman : pages 7, 22, 25, 26, 28
Doug Perrine / DRK : pages 7, 13, 19 à 21, 29
Stephen J. Krasemann / DRK : page 27
CC Lockwood / DRK : page 27
Flip Nicklin / Minden Pictures : pages 7, 10
Stephen Frink / WaterHouse : pages 10, 21
Robert Jureit / WaterHouse : page 11
Ron et Valerie Taylor / WaterHouse : pages 11, 13, 21
Marty Snyderman / WaterHouse : page 29
Al Giddings / Images Unlimited : page 6
Rosermary Chastney / Images Unlimited : page 9
David J. Wrobel / Biological Photo Services : pages 9, 14, 27
Harold W. Pratt / Biological Photo Services : page 23
Bruce Elliott Rasner : page 27
Wayne et Karen Brown : page 28
David Hal : page 11
Al Grotell : page 18
Richard Hermann : page 25
Marilyn Kazmers / SharkSong : page 27
Jim Watt / Pacific Stock : page 23
Don Flescher / American Fisheries Society : page 9
Gotshall / American Fisheries Society : page 24, 26

Illustrations de Robin Lee Makowski (pages 2 et 3, 16 et 17, 19, 30 et 31)

Couverture : James D. Watt / Waterhouse
en haut à gauche : David J. Wrobel
en haut à droite : F. S. Persico
en bas à gauche : Doug Perrine / DRK

Données de catalogage avant publication (Canada) disponibles

ISBN 0-590-16450-3

Titre original: Eyes on Nature ™ Sharks

Édition publiée par les éditions Scholastic, 123, Newkirk Road, Richmond Hill (Ontario) L4C 3G5, avec la permission de Kidsbooks, Inc., 3335 West Peterson Ave., Chicago, Ill. 60659.

4 3 2 1 Imprimé aux États-Unis 6 7 8 9/9

Les requins

Texte de
Jane P. Resnick

Texte français de Martine Faubert

Les éditions Scholastic

UN REQUIN!

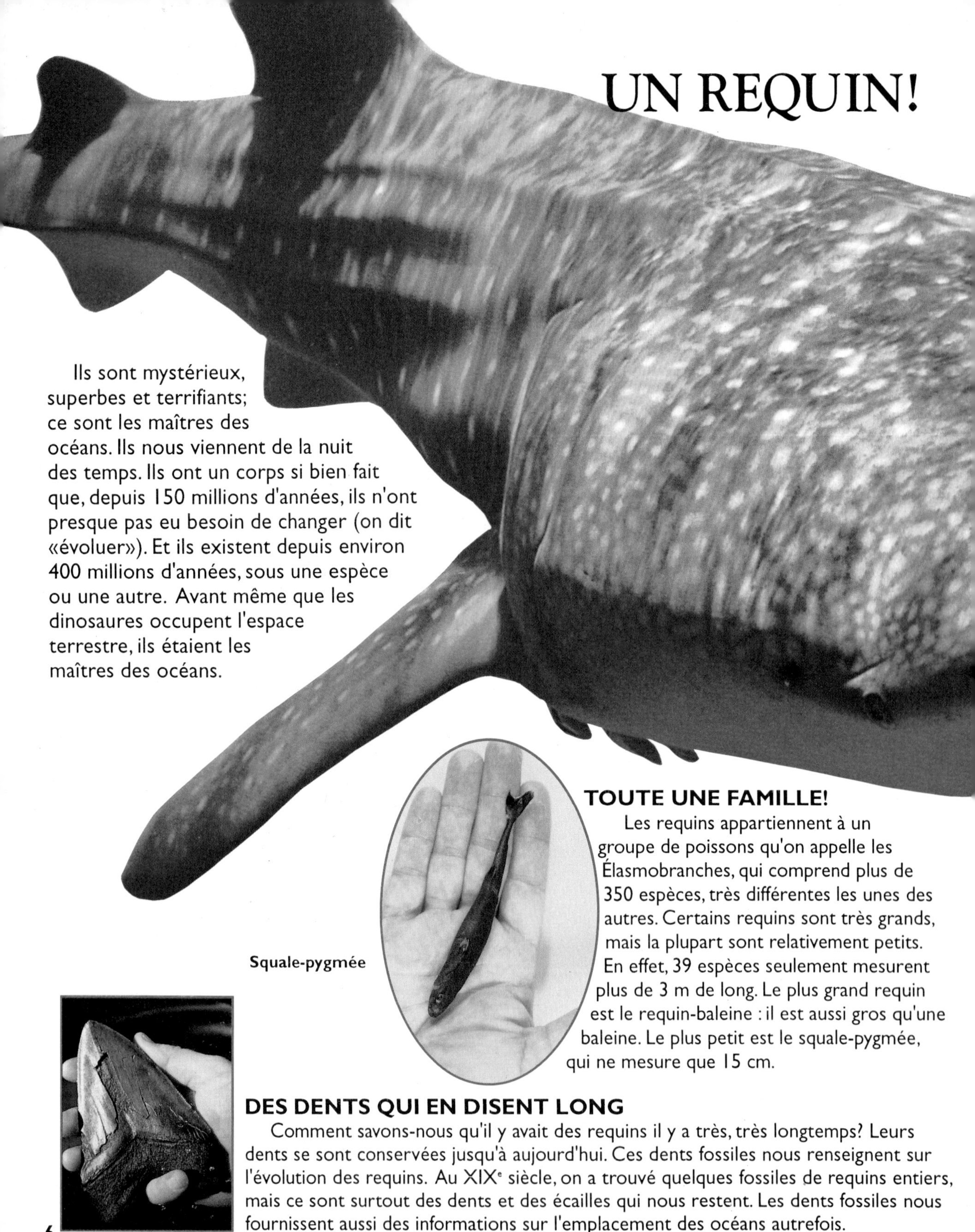

Ils sont mystérieux, superbes et terrifiants; ce sont les maîtres des océans. Ils nous viennent de la nuit des temps. Ils ont un corps si bien fait que, depuis 150 millions d'années, ils n'ont presque pas eu besoin de changer (on dit «évoluer»). Et ils existent depuis environ 400 millions d'années, sous une espèce ou une autre. Avant même que les dinosaures occupent l'espace terrestre, ils étaient les maîtres des océans.

Squale-pygmée

TOUTE UNE FAMILLE!

Les requins appartiennent à un groupe de poissons qu'on appelle les Élasmobranches, qui comprend plus de 350 espèces, très différentes les unes des autres. Certains requins sont très grands, mais la plupart sont relativement petits. En effet, 39 espèces seulement mesurent plus de 3 m de long. Le plus grand requin est le requin-baleine : il est aussi gros qu'une baleine. Le plus petit est le squale-pygmée, qui ne mesure que 15 cm.

DES DENTS QUI EN DISENT LONG

Comment savons-nous qu'il y avait des requins il y a très, très longtemps? Leurs dents se sont conservées jusqu'à aujourd'hui. Ces dents fossiles nous renseignent sur l'évolution des requins. Au XIXe siècle, on a trouvé quelques fossiles de requins entiers, mais ce sont surtout des dents et des écailles qui nous restent. Les dents fossiles nous fournissent aussi des informations sur l'emplacement des océans autrefois.

L'ART DE LA PAUSE ▶

Selon la croyance populaire, les requins ne dormiraient jamais. C'est faux. Les savants ont pu observer des requins au repos. D'ailleurs, les requins-nourrices se plaisent à dormir les uns sur les autres, formant des groupes allant jusqu'à quarante individus.

ILS FONT DE VIEUX OS!

On ignore quelle est la longévité des requins. Par exemple, les scientifiques ne savent pas exactement si l'aiguillat commun vit 30 ou 100 ans. Pour le savoir plus précisément, ils étiquettent les requins qui vivent à l'état naturel, et, au moyen d'une substance chimique, ils marquent leur colonne vertébrale. Les vertèbres des requins présentent des anneaux de croissance, qui se forment année après année, tout comme pour les troncs d'arbres. Grâce à ce marquage, les savants peuvent compter les anneaux et, de là, calculer approximativement l'âge des requins.

Requin-baleine

Requin-bouledogue

C'EST BON, LA VIANDE! ▼

Presque tous les requins sont carnivores. Ils mangent d'autres poissons, dont des requins, et des mammifères marins comme le dauphin et le phoque. Certains se nourrissent en surface avec du plancton, qui est un mélange d'algues et de petits crustacés. D'autres vivent sur le fond océanique et se nourrissent de crustacés, comme le crabe, et de mollusques, comme les moules, dont ils broient la coquille avec leurs dents.

Peau-bleue mangeant un maquereau

TOUT AUTOUR DE LA TERRE

On trouve des requins dans toutes les mers et océans aux eaux froides ou tempérées (moins de 90 °F ou 32 °C). Certains vivent en eau peu profonde et d'autres, sur le plancher océanique. Certaines espèces, comme le peau-bleue, voyagent (on dit «migrent») pendant des milliers de kilomètres; d'autres, comme le requin-bouledogue, sont tout aussi à l'aise en eau salée qu'en eau douce.

PRESQUE INCREVABLES!

À cause de leur allure primitive, on dit généralement des requins que ce sont des «fossiles vivants». Mais, plus les savants étudient les requins, plus ils se rendent compte que ce sont des organismes qui n'ont rien de primitif. En réalité, les requins apparaissent comme des modèles de perfection dans la nature.

PAS D'OS

La plupart des poissons ont un squelette osseux; ils appartiennent à une classe qu'on appelle celle des poissons osseux. Mais les requins sont différents. Leur squelette est fait de cartilage, c'est-à-dire de la même matière que l'on trouve dans les oreilles et le nez des humains. Le squelette cartilagineux des requins, qui est flexible, n'a pas la dureté de l'os, mais il est quand même résistant.

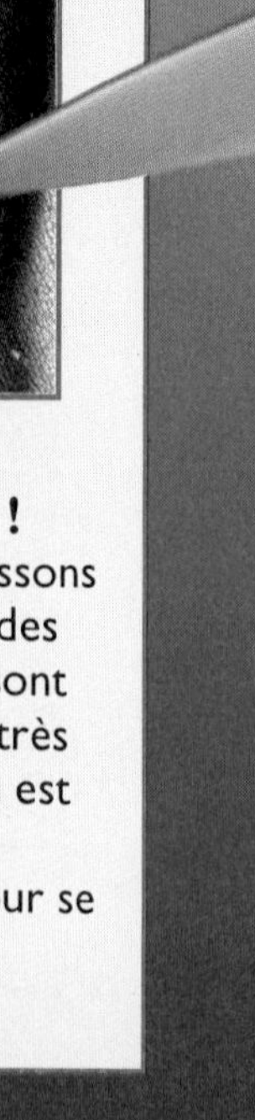

▲

ATTENTION, ÇA PIQUE !

La peau de la plupart des poissons est recouverte d'écailles. Celles des requins sont particulières; elles sont faites un peu comme des dents, très dures et très coupantes. La peau est comme une armure hérissée de piquants; il suffit de l'effleurer pour se blesser.

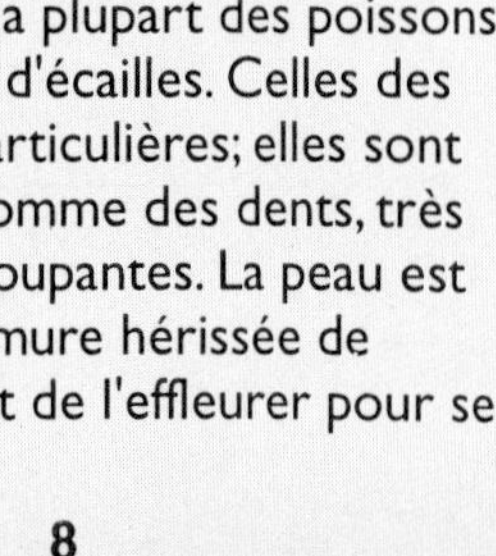

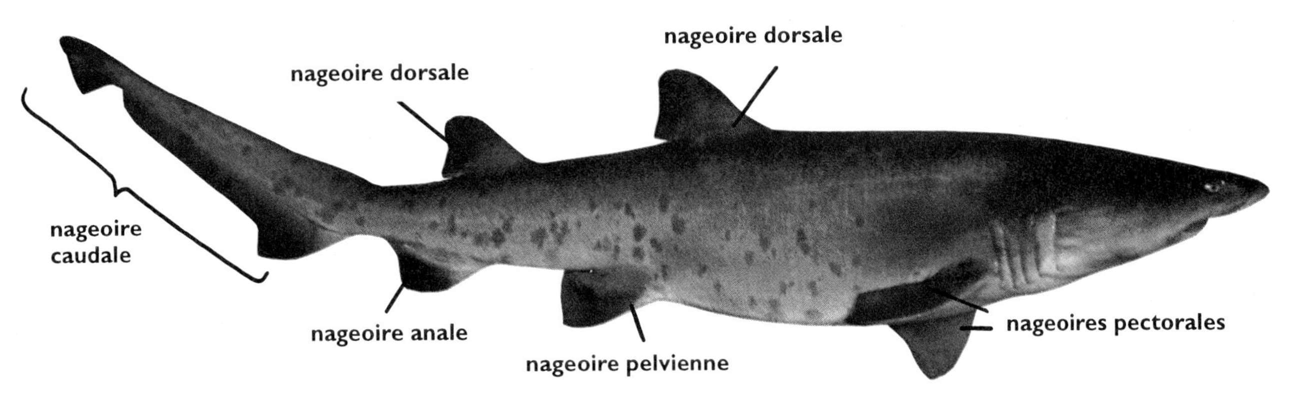

COMME UN MARATHONIEN!

La façon de nager d'un requin ne ressemble pas à celle des autres poissons, qui agitent les nageoires et remuent leur corps Le requin semble glisser dans l'eau. Ses nageoires pectorales sont rigides; elles servent à monter et descendre. La nageoire caudale remue de gauche à droite, ce qui le propulse vers l'avant. Il arrive que des requins nagent assez vite pour se projeter hors de l'eau, mais ce n'est qu'occasionnel. Les requins sont plutôt faits pour nager lentement sur de longues distances.

▲ **Ce requin a sept fentes branchiales.**

TOUTE UNE SÉRIE DE FENTES BRANCHIALES

Les poissons respirent au moyen de branchies. L'eau pénètre par leur bouche et ressort par les branchies, qui absorbent au passage l'oxygène contenu dans l'eau et le transfère au sang du poisson. Les requins ont de cinq à sept paires de fentes branchiales, contrairement à la plupart des poissons, qui n'en ont qu'une.

NAGER POUR NE PAS COULER

La plupart des poissons flottent grâce à leur vessie natatoire, qui se remplit d'air lorsqu'ils ne se déplacent pas. Comme le requin n'en a pas, il doit nager sans cesse, s'il ne veut pas couler au fond. Mais le requin a quand même un organe qui l'aide à flotter; en effet, il est doté d'un gros foie. Celui-ci, dont le poids représente parfois le quart de sa masse corporelle, est rempli d'huile. Comme l'huile est plus légère que l'eau, le requin flotte grâce à son foie.

CERTAINS L'AIMENT CHAUD

Comme tous les animaux à sang froid, la température corporelle du requin change avec les variations de la température ambiante. Mais certains requins, comme le grand requin blanc, le renard de mer, le requin-taupe saumon, le requin-taupe commun et deux autres espèces de requins-taupes, sont des animaux à sang chaud. Un système de réglage de la température interne maintient la température de leur sang à un degré plus élevé que celle des autres requins.

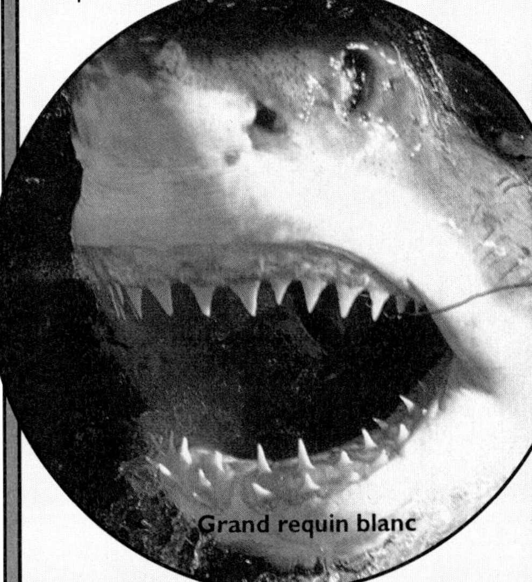

Grand requin blanc

ET CRAC!

Les mâchoires du requin sont les plus puissantes du règne animal. Toutes les deux mâchoires sont articulées. Lorsqu'il mord, le requin enfonce d'abord sa mâchoire inférieure, puis sa mâchoire supérieure. Ensuite, il agite la tête pour arracher un morceau de chair.

DES SENS TRÈS DÉVELOPPÉS

Le requin peut capter à de grandes distances les sons et les odeurs, de même que détecter la présence d'objets. Ses sens très développés en font un excellent chasseur. Si un banc de poissons passe à proximité, ou qu'un poisson blessé gît par là, le requin le perçoit, puis fonce sur sa proie avec une remarquable précision.

INTELLIGENT

On dit souvent que les requins sont tout en nez et qu'ils n'utilisent leur cerveau que pour détecter l'odeur de la nourriture. Certaines espèces, cependant, sont assez intelligentes. En général, les requins les plus actifs et les plus rapides ont des cerveaux plus complexes que les autres.

SENSIBLE AUX VIBRATIONS

Le requin peut entendre les mouvements dans l'eau, mais il peut aussi capter les vibrations grâce à sa ligne latérale. Celle-ci va de la tête à la queue et est constituée de petits canaux qui débouchent à la surface de la peau par des pores. Chaque canal est rempli d'eau de mer et renferme des cellules sensorielles qui se prolongent par un appendice fin comme un poil. Ces appendices bougent sous l'effet des vibrations, puis envoient un message au cerveau du requin.

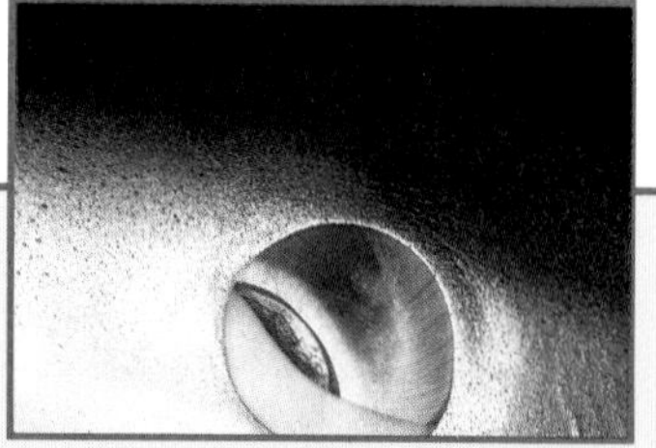

Deuxième paupière inférieure couvrant partiellement l'œil, chez un peau-bleue.

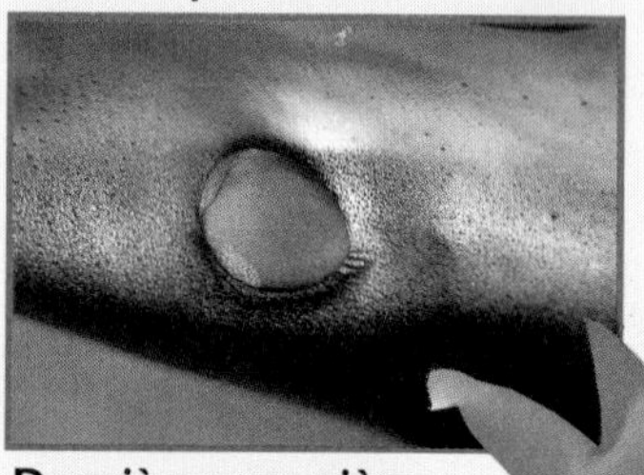

Deuxième paupière inférieure couvrant complètement l'œil, chez un peau-bleue.

AVEC DES YEUX PROTÉGÉS

La plupart des poissons n'ont pas de paupières, mais certaines espèces de requins en ont jusqu'à trois paires. Leur deuxième paupière inférieure peut se refermer complètement sur l'œil, qu'elle protège dans les situations dangereuses, comme lorsque le requin se nourrit.

Le peau-bleue

UN NEZ POUR SENTIR

Le requin a l'odorat très fin. Dans ce sens, on est en droit de dire qu'il est «tout en nez». Les deux tiers de son cerveau sont liés à l'odorat. Les deux narines de son museau sont tapissées de cellules qui servent à capter les odeurs dans l'eau. Par expérimentation, on a pu mesurer que le requin pouvait sentir un petit morceau de chair de thon à une distance de 22,5 m; autrement dit, il peut capter l'odeur d'une molécule de thon noyée dans un million et demie de molécules d'eau!

Requin-citron

Chez certaines espèces, comme ce requin-citron, la pupille forme une fente verticale.

UNE VUE DE CHAT

Qu'est-ce que les chats et les requins ont en commun? Les yeux. Tous les deux ont l'œil tapissé d'une couche de cellules réfléchissantes comme un miroir. Cette particularité physique leur permet de voir dans le noir. Par conséquent, les requins peuvent chasser tout aussi bien dans des eaux claires que dans des eaux troubles.

UN DÉTECTEUR DE CHAMPS ÉLECTRIQUES

Tous les êtres vivants ont un champ électrique. Le requin peut sentir cette activité électrique grâce à des organes sensoriels appelés *ampoules de Lorenzini.* Ces organes débouchent sur sa tête par de nombreux pores; il y en a parfois jusqu'à 1 500. Grâce à cet organe, il peut détecter la présence d'un poisson plat enfoui dans le sable. Comme la Terre a un champ magnétique, on pense que le requin se sert de ces organes comme d'une boussole.

ÇA MORD!

Qui dit requin dit dents pointues et coupantes. Les dents des requins sont uniques en leur genre, et les savants peuvent identifier un requin à l'examen de ses seules dents ou de la morsure qu'elles laissent.

DES DENTS POUR LA VIE

Les requins ont des dents de réserve pour leur vie entière, en nombreuses rangées, enfouies dans le tissu de leurs mâchoires. Un requin adulte utilise de sept à douze ensembles de dents complets par an. Chaque fois qu'il perd une dent, quand il mord ou parce qu'elle est usée, une nouvelle dent pousse pour la remplacer. Certains requins, comme le squalelet féroce, avalent un ensemble complet de dents d'un coup, chaque fois qu'ils se nourrissent.

Le requin-taupe a de longues dents, fines et pointues.

Rangées de dents taillées en dents de scie, sur la mâchoire d'un requin-tigre.

TOUT DÉPEND DE CE ▲ QU'IL MANGE

Le requin ne mastique pas. Il avale sa proie tout rond ou en gros morceaux. Chez certaines espèces, les dents sont un peu comme un couteau et une fourchette; sur la mâchoire inférieure, elles sont pointues, pour saisir la proie; sur la mâchoire supérieure, elles ressemblent à de petites scies et servent à déchiqueter la chair. Leur forme varie suivant les espèces parce qu'elles sont adaptées au type de nourriture et au mode de chasse de chacune.

Dent d'un grand requin blanc, par rapport à une dent de Carcharodon mégalodon.

DES DENTS QUI EN DISENT LONG

Les savants ont trouvé les dents d'un animal qu'ils appellent Carcharodon mégalodon, et qui est l'ancêtre du grand requin blanc. Cette créature vivait il y a environ 12 000 ans, et c'était une bête gigantesque. Ses dents mesuraient 15 cm, soit plus de deux fois la taille des dents du grand requin blanc.

MENU DU JOUR

Manger pour survivre, cela va de soi, dans l'océan, et les requins sont de grands champions dans cet exercice. Certains se nourrissent de plancton et d'autres, de mollusques et de crustacés (comme les bigorneaux et les crevettes), qu'ils trouvent au fond de l'eau. D'autres espèces mangent de plus grosses proies, comme des phoques, des tortues, des goélands et des dauphins.

Requin mangeant une tortue ▲

Requin-tigre

▲ **Le requin de Port-Jackson a des dents pointues à l'avant, pour saisir sa proie, et de grosses molaires à l'arrière, pour broyer les coquilles des mollusques.**

REQUIN À LA CARTE

Les requins se mangent aussi les uns les autres. Un jour, on a capturé un requin-tigre qui avait un requin-bouledogue dans l'estomac. Dans l'estomac de ce dernier, les savants ont alors trouvé un requin bordé. Et dans l'estomac du requin bordé, il y avait un aiguillat commun!

LA GRANDE BOUFFE

Normalement, les requins se nourrissent en solitaires. Mais parfois, un requin en train de se nourrir appelle les autres. Ceux-ci se dirigent vers le lieu du festin, se précipitent sur la proie, la déchiquettent et mordent furieusement dans tout ce qui leur tombe sous la dent, même dans la chair des autres requins. Puis ils s'en vont, tout aussi vite qu'ils étaient arrivés.

TOUTES SORTES DE FAÇONS DE VENIR AU MONDE

Les requins viennent au monde de trois façons: d'un œuf qui éclôt en dehors du ventre de la mère, comme les poussins; d'un œuf qui éclôt à l'intérieur du corps de la mère, dont ils sortent ensuite; ou comme les humains, en sortant directement du ventre de la mère. Les requins donnent naissance à un nombre variable de bébés à la fois: de un jusqu'à cent, suivant le mode de reproduction. Les espèces qui mettent bas un petit complètement formé ont un plus petit nombre de bébés par portée que ceux qui pondent des œufs qui éclosent ensuite en dehors de leur corps.

▲ **Naissance d'un requin-citron**

▲ **Le requin-citron nouveau-né avec sa mère**

ENFIN AU MONDE

Certaines espèces de requin viennent au monde après avoir grandi dans le ventre de leur mère, comme les bébés humains. Mais ils ont souvent besoin de plus de neuf mois pour arriver à terme. L'aiguillat commun porte son petit pendant presque deux ans.

◀ **Embryon d'aiguillat**

Œufs de roussette

UN ŒUF, ÇA?

Les œufs de requin n'ont pas la forme d'un œuf de poule. Ils sont résistants, caoutchouteux et de forme rectangulaire, spiralée ou hélicoïdale. Pendant son développement à l'intérieur de l'œuf, l'embryon s'alimente du contenu de celui-ci, comme les poussins font avec le jaune de l'œuf. Au bout de huit à quatorze mois, le petit requin s'est complètement développé et a toutes ses dents.

Embryon de roussette, avec le jaune de l'œuf ▶

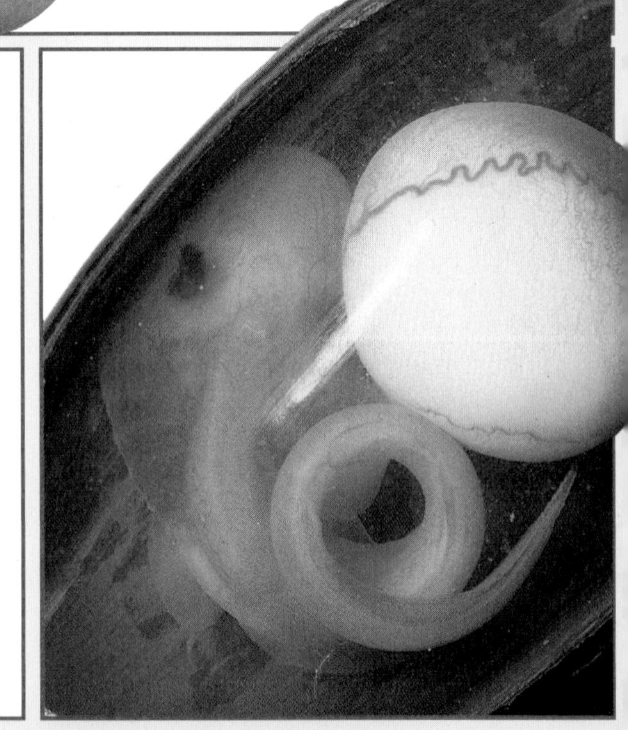

(1)

(2)

(3)

Requin-taureau complètement développé

UN BÉBÉ CANNIBALE ▲

La femelle du requin-taureau pond des œufs qui éclosent dans son ventre. Elle en pond plusieurs à la fois, mais le premier à être pondu est souvent le seul à arriver à terme. Celui-ci, avant de naître, mange ses frères et sœurs moins développés que lui. À la naissance, sa taille est presque la moitié de celle de sa mère; plus précisément 40 %.

UNE BONNE MÈRE

En général, les requins ne prennent pas soin de leurs petits, mais la mère cherche quand même à les mettre à l'abri en pondant ses œufs ou en mettant bas dans des endroits sûrs. C'est particulièrement vrai de la mère requin de Port-Jackson. Les savants croient en effet que, après les avoir pondus, elle les transporte dans sa bouche, à la recherche d'une crevasse rocheuse où les déposer pour qu'ils puissent éclore à l'abri des prédateurs.

Groupe d'œufs hélicoïdaux d'un requin de Port-Jackson.

Holbiche ventrue sortant de son œuf et se lançant dans la vie en se mettant à nager (1 à 4).

(4)

DES PETITS QUI ONT LA PEAU DURE

Contrairement au chien, par exemple, le petit du requin ne reçoit aucune aide de sa mère, après sa naissance; celle-ci ne le nourrit pas et elle ne lui montre pas à chasser. Pour survivre, les petits se rendent souvent près des côtes, le temps de grandir. Là, il y a quantité de petits poissons à manger et pas de grands requins adultes, friands de bébés requins!

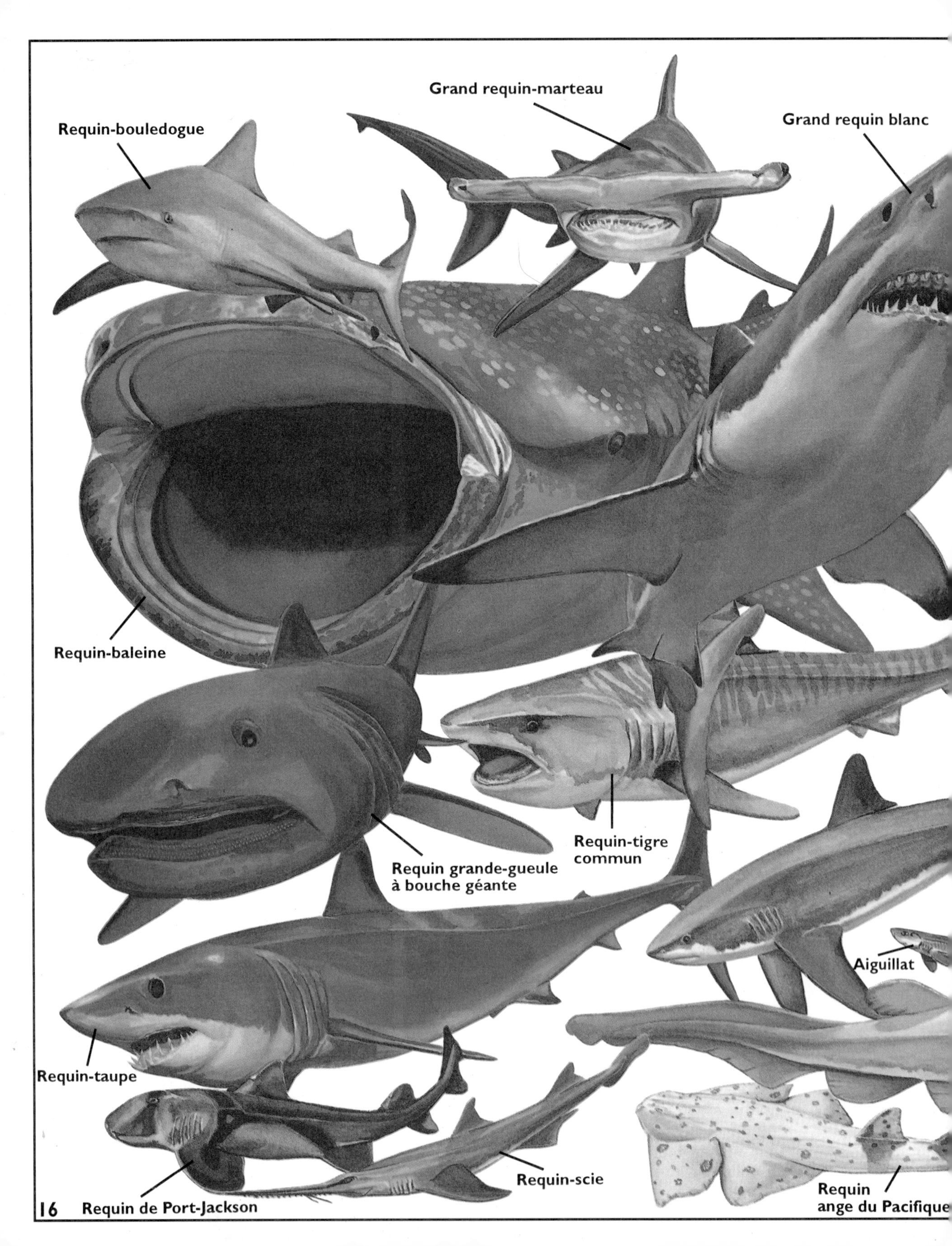
Grand requin-marteau
Requin-bouledogue
Grand requin blanc
Requin-baleine
Requin-tigre
commun
Requin grande-gueule
à bouche géante
Aiguillat
Requin-taupe
Requin-scie
Requin
ange du Pacifique
Requin de Port-Jackson

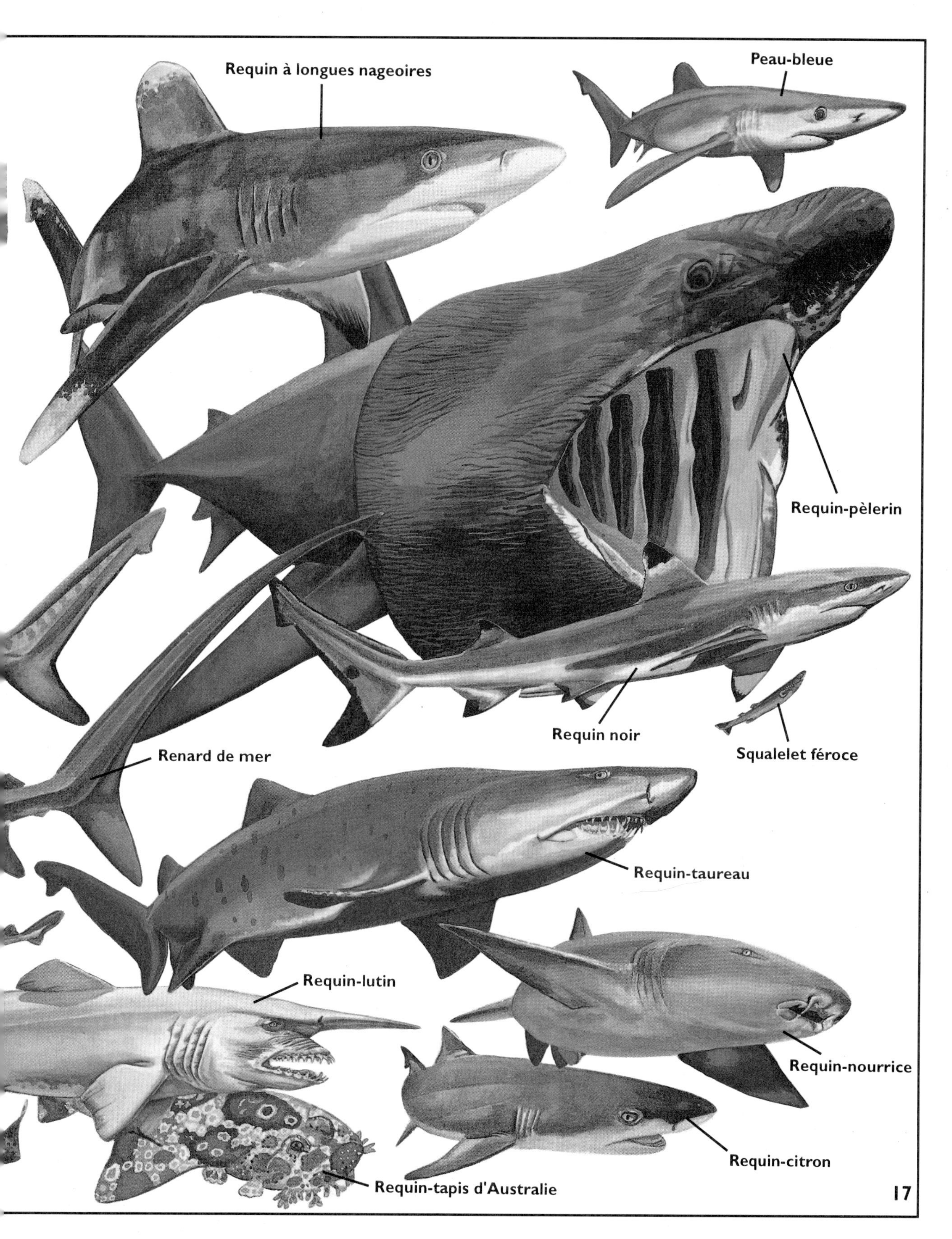
Requin à longues nageoires
Peau-bleue
Requin-pèlerin
Requin noir
Squalelet féroce
Renard de mer
Requin-taureau
Requin-lutin
Requin-nourrice
Requin-citron
Requin-tapis d'Australie

UNE DRÔLE DE PARENTÉ

Il est difficile de dire qu'on connaît tous les requins. Le territoire de certaines espèces est tellement vaste que parfois, on n'arrive pas à les y trouver. D'autres sont des espèces rares et d'autres encore sont physiquement si bizarres que, quand on les voit, on ne se rend pas compte que ce sont des requins. Une chose demeure évidente, cependant : il y a toutes sortes de requins, au physique très différents les uns des autres.

Les requins-marteaux halicornes se rassemblent en bandes pour leurs migrations (ci-dessus).

▲ **Requin-marteau commun**

COMPLÈTEMENT MARTEAU!

Chez le requin-marteau, les yeux et les narines sont parfois distants d'un mètre les uns des autres, ce qui lui permet d'explorer rapidement de grandes quantités d'eau, en agitant sa tête de gauche à droite pour trouver de la nourriture. C'est déjà bizarre, mais en plus, il y en a plusieurs espèces!

◄ SORTI DE LA PRÉHISTOIRE

On dit souvent du requin-lézard qu'il est primitif parce qu'il ressemble beaucoup à des espèces qui ont disparu de la surface de la Terre depuis des millénaires. Il a le corps filiforme comme celui d'un serpent; ses dents, au nombre de trois cents, sont disposées en vingt-sept rangées.

◄ UNE QUEUE POUR CHASSER

Le renard de mer a une queue d'une longueur de 3 m, en prolongement de son corps qui mesure 6 m. Grâce à celle-ci, il rassemble de petits poissons et les frappe pour les assommer. On le considère comme inoffensif pour les humains; il y a cependant une histoire de pêche qui se raconte dans le milieu des marins de l'Atlantique selon laquelle un marin se serait fait arracher la tête d'un grand coup de queue de renard de mer.

DES REQUINS DES PROFONDEURS

Les roussettes vivent surtout dans les profondeurs; on les voit rarement. Elles constituent l'un des groupes de requins les plus importants. On en trouve sous toutes les latitudes. Elles demeurent cependant méconnues.

▲ QU'IL EST BIZARRE!

Voici sans doute le plus bizarre de tous; de plus, comme il vit en eau profonde, on ne le voit presque jamais. On croyait que le requin-lutin était éteint depuis cent millions d'années, jusqu'au jour où, en 1898, on en a trouvé un au large des côtes du Japon.

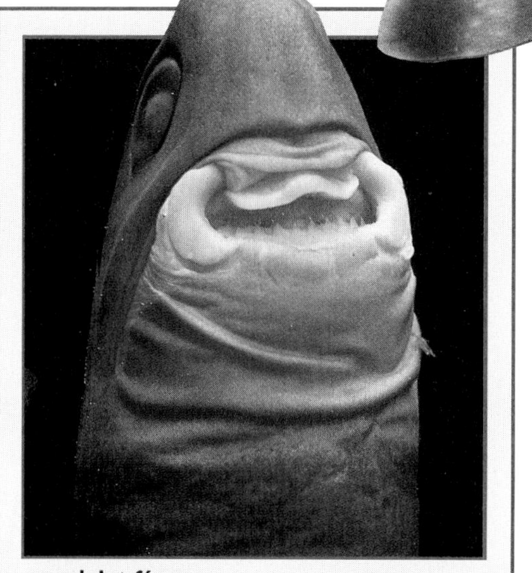

squalelet féroce

Dauphin présentant une morsure de squalelet féroce.

ET CROC!

Le squalelet féroce, qui ne mesure que 50 cm de long, se nourrit de baleines et de dauphins. Avec sa dentition disposée en cercle, il inflige des blessures parfaitement rondes à ses victimes. Ses dents sont si tranchantes qu'il peut entamer le revêtement de caoutchouc qui recouvre certaines parties des sous-marins.

UN REQUIN DANS UN AQUARIUM? ▲

Certains requins sont si doux qu'on peut les garder dans un aquarium ou un réservoir. Le requin-léopard est tout à fait inoffensif. Il a des taches sur le corps, comme le léopard, et sa queue mesure la moitié de la longueur de son corps.

Requin-tigre

DEPUIS LA NUIT DES TEMPS ▲

Les requins à corne sont les plus vieux des requins du monde vivant à n'avoir pas évolué; on en a trouvé des fossiles dans des roches datant de 200 millions d'années.

ATTENTION! DANGER!

Tu aperçois un aileron, puis un requin géant t'attrape et te dévore! Et tu te réveilles! Ce n'était probablement qu'un mauvais rêve. Cependant, ç'aurait pu être vrai, car, en moyenne à travers le monde, près d'une centaine de personnes se font attaquer chaque année par des requins. Dans un certain nombre de cas, il s'agit en réalité d'une manœuvre de contre-attaque de la part d'un requin qui s'était fait attraper, piéger, harponner ou déranger d'une façon ou d'une autre par des gens.

Le plus dangereux de tous les requins est le grand requin blanc. Il a la réputation de pourchasser les embarcations et de les attaquer jusqu'à ce qu'elles coulent.

LE PLUS GRAND

Le grand requin blanc est l'un des prédateurs les plus gros et les plus féroces. Il compte à son actif le plus grand nombre d'attaques envers des humains. Il mesure environ 3,5 m et pèse environ 3 000 kilos. On a même signalé l'existence de requins blancs d'une longueur de 6 m! C'est le seul requin capable de sortir toute sa tête hors de l'eau.

LE TIGRE DES MERS

Le requin-tigre arrive au deuxième rang pour le nombres des attaques dirigées contre des humains. Il n'y a pas grand chose qui puisse tomber dans l'eau et qu'il dédaigne de manger. On a même pêché des requins-tigres qui avaient de drôles d'objets dans l'estomac : un coussin de bateau, une boîte de conserve au couvercle encore scellé, un réveille-matin, du papier goudronné, une petite boîte de clous, etc. ▶

Le grand requin-marteau, qui peut nager dans seulement une mètre d'eau.

Requin-taupe

UN COUP DE REQUIN-MARTEAU?

Il est normal qu'un nageur soit effrayé à la vue d'un requin-marteau; mais les savants ne considèrent pas que ce requin est un mangeur d'hommes. Cependant, quelques espèces peuvent être dangereuses à cause de leur grande taille, comme le grand requin-marteau et le requin-marteau commun.

FAIT POUR ATTAQUER?

On a identifié vingt-sept espèces de requins susceptibles d'attaquer les humains, auxquelles s'ajoutent encore un certain nombre d'espèces considérées comme dangereuses. Les requins attaquent généralement dans des endroits où il y a beaucoup de monde, où l'eau est tiède et très peu profonde. Il se pourrait que les vibrations des baigneurs dans l'eau ressemblent à celles que fait un poisson blessé, qui est une des proies favorites du requin. Les attaques se produisent aussi là où il y a des pêcheurs.

◀ Le requin noir est dangereux.

UN AVALEUR DE SABRES

Le requin-taupe est très puissant et potentiellement dangereux. C'est le meilleur nageur de tous; il peut filer à 70 km/h. Il est capable de se projeter hors de l'eau, pour se laisser tomber à l'intérieur d'un bateau! Rien ne semble pouvoir l'arrêter. Un jour, on a attrapé un requin-taupe de 330 kilos; son estomac contenait un espadon (ou «poisson-épée) de 54 kilos, l'épée comprise!

Requin-bouledogue

UNE GROSSE BRUTE ÉPAISSE

Le requin-bouledogue n'est pas aussi effrayant que le grand requin blanc, mais il peut être encore plus dangereux, en particulier sous les tropiques. Il arrive au troisième rang des plus grands mangeurs d'hommes; il va là où il y a des humain, en eau salée comme en eau douce.

UNE COTTE DE MAILLE

On a essayé tant et plus de mettre au point des produits chimiques et des tenues de plongée qui puissent tenir les requins à distance. Il existe un habit qui protège les plongeurs contre les morsures de requin; il est fait de mailles d'acier.

Requin-tigre commun

Plongeur vêtu d'une tenue en mailles d'acier, nourrissant un requin.

GROS, MAIS INOFFENSIF

Les requins ne sont pas tous féroces et agressifs. Certains sont inoffensifs. Fort étrangement, les requins les moins dangereux sont très gros. C'est le cas du requin-pèlerin, du requin-baleine et du requin grande-gueule à bouche géante. Dans le monde des requins, ils apparaissent un peu comme de bons géants.

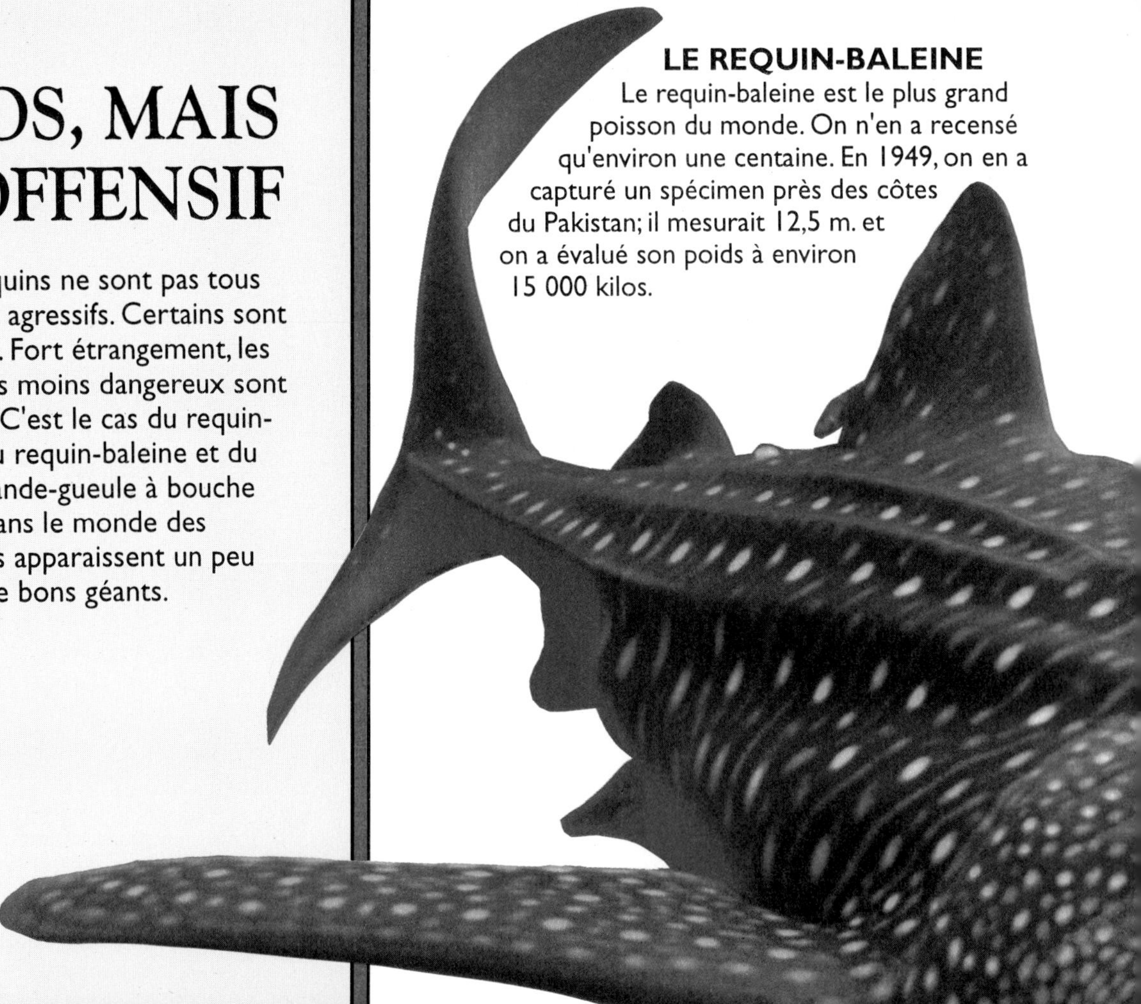

LE REQUIN-BALEINE

Le requin-baleine est le plus grand poisson du monde. On n'en a recensé qu'environ une centaine. En 1949, on en a capturé un spécimen près des côtes du Pakistan; il mesurait 12,5 m. et on a évalué son poids à environ 15 000 kilos.

ACCROCHEZ-VOUS!

C'est difficile à croire, mais les requins-baleines sont si inoffensifs qu'ils laissent les plongeurs s'accrocher à leurs nageoires pour les traîner dans l'eau. Quand ils en ont assez de traîner leurs passagers humains, ils plongent vers les profondeurs.

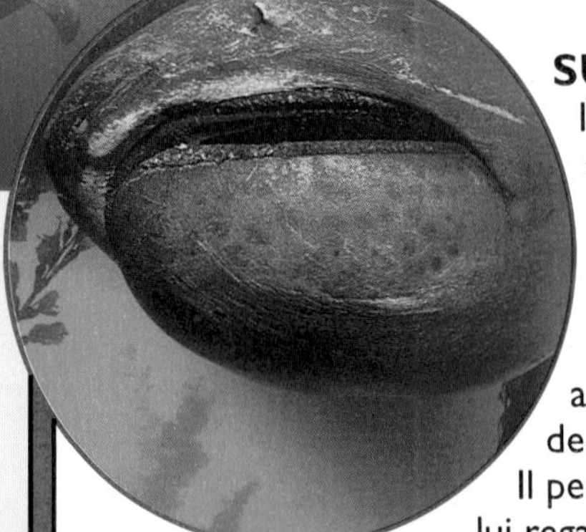

SURPRISE!

Il y a environ vingt ans, un bateau de la flotte américaine croisant au large d'Hawaï a hissé à son bord, de manière accidentelle, une espèce de requin jusque là inconnue. Il pesait plus de 2 700 kilos. En lui regardant la tête, les savants ont décidé de le nommer requin grande-gueule à bouche géante. C'est une espèce inoffensive.

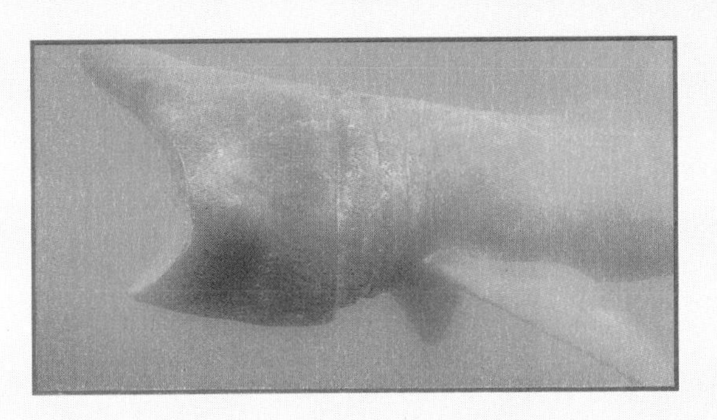

UN AMATEUR DE BAINS DE SOLEIL ▲

Le requin-pèlerin peut atteindre une longueur de 9 m et peser jusqu'à 3 600 kilos. Lorsqu'il se laisse flotter en surface, sans bouger, avec le dos, le museau et les ailerons qui pointent hors de l'eau, il fait penser à un mammouth qui prendrait un bain de soleil.

AU TRAVERS DE LA GORGE ▼

Le requin-baleine se nourrit de plancton. Il ouvre la bouche en nageant, et tout ce qui se trouve dans l'eau sur son passage est retenu par les lamelles de ses branchies, qui se trouvent au fond de sa gorge. Quand il y a assez d'animalcules accumulés, il les avale. Un requin-pèlerin peut ainsi filtrer dans ses branchies environ 7 500 litres d'eau par heure.

Requin-baleine en train de se nourrir

UNE NOURRITURE MICROSCOPIQUE ▼

Le plancton est la base alimentaire des grands requins. Il se compose en grande partie de copépodes, qui sont de petits crustacés à peine visibles à l'œil nu. Les savants estiment que les requins mangent chaque jour l'équivalent de 1 % de leur poids. Dans le cas du requin-pèlerin, qui pèse 3 600 kilos, cela représente beaucoup de plancton!

Copépodes

Le requin-baleine est le plus grand poisson du monde.

DANS LES PROFONDEURS

Qu'y a-t-il de plus mystérieux que les grands fonds océaniques? Les requins qui y ont leur habitat. Différentes espèces de requins vivent dans les profondeurs, dont certaines sont vraiment surprenantes. Les unes se nourrissent de moules, de palourdes et de bigorneaux. D'autres s'attaquent à toutes sortes de créatures capables de nager et qui partagent leur habitat.

Requin-nourrice en train d'explorer un récif de corail. ▼

ANGE OU DÉMON?

Il est plat comme sa cousine, la raie, mais il nage à la façon d'un requin, en se propulsant au moyen de sa nageoire caudale. C'est un requin; on l'appelle «ange de mer», mais c'est loin d'être un ange! Il peut sembler inoffensif, lorsqu'il se prélasse sur un fond sableux; mais, il est rapide comme l'éclair, et sa morsure est mortelle, pour les poissons et les crustacés qu'il attrape avec ses dents pointues comme des poignards. Les pêcheurs qui ont eu maille à partir avec lui l'appellent le «démon de la mer».

COMME UNE SCIE

Voici un requin dont les dents sont à l'extérieur de la bouche. On l'appelle requin-scie. Il a le museau long et plat comme une lame de scie, planté de dents des deux côtés. Avant leur naissance, les embryons du requin-scie ont les dents repliées vers l'intérieur de la bouche, de façon à ne pas blesser leur mère, qui les porte dans son ventre.

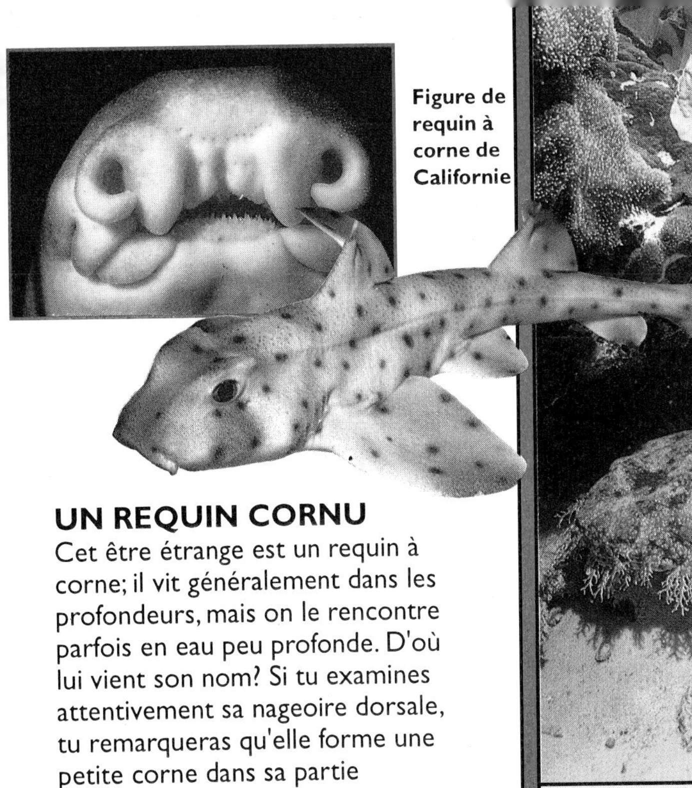

Figure de requin à corne de Californie

UN REQUIN CORNU

Cet être étrange est un requin à corne; il vit généralement dans les profondeurs, mais on le rencontre parfois en eau peu profonde. D'où lui vient son nom? Si tu examines attentivement sa nageoire dorsale, tu remarqueras qu'elle forme une petite corne dans sa partie antérieure. Cet appendice est parfois utilisé pour confectionner des bijoux.

COMME UN TAPIS

La technique de chasse du requin-tapis consiste à rester tranquillement à attendre au fond de la mer. Et ça marche! Sa peau présente des taches qui font camouflage sur un fond sableux; de plus, sa tête ressemble à une touffe d'algues. Il semble disparaître complètement dans le paysage! Si un poisson vient à passer, il se fait immédiatement attraper.

Le requin-tapis d'Australie, appelé «wobbegong», habite les eaux de l'Australie et du Sud-est asiatique.

ON LES APPELLE CHATS DE MER

Il y a la grande roussette, la petite roussette, la roussette d'Islande, la roussette maille, etc. Le groupe des roussettes est vaste, et la variété de leur noms le montre bien. On les appelle aussi «chats de mer»; autrefois, on nommait ainsi les créatures marines, d'après les noms des animaux terrestres.

Roussette-maille

QUELLE GONFLÉE!

La holbiche ventrue aime se prélasser sur le fond océanique. Elle est extrêmement paresseuse. Mais lorsqu'elle sent un danger, elle se met à avaler de l'air pour faire gonfler son corps jusqu'à deux fois sa grosseur normale. Pourquoi? Peut-être pour avoir l'air plus grosse qu'elle ne l'est et faire fuir l'ennemi; ou pour remplir tout l'espace de sa cachette et empêcher l'ennemi de l'atteindre. ▶

DES COUSINES PLATES

▲ L'eau dont la raie a besoin pour respirer est amenée aux branchies par de petits trous, appelé «spirales», qui sont situés derrière les yeux, comme on peut le voir sur celle-ci.

ÇA PIQUE! ▶

Les pastenagues sont des raies presque rectangulaires, et leur queue est armée d'une épine venimeuse. Elles vivent sur le fond marin, en eau peu profonde et elles sont très dangereuses. Si un nageur pose par hasard le pied sur l'une d'elles, il se fait piquer et peut se retrouver complètement paralysé par le venin.

Les raies, qui ont un squelette cartilagineux comme les requins, sont étroitement apparentées à ces derniers. Leur nage est particulièrement élégante; avec leurs nageoires pectorales en forme d'ailes, elles semblent planer dans l'eau. Elles ont le corps plat, des yeux plantés au-dessus de la tête, la bouche et les fentes branchiales sur la face ventrale et le nez qui forme une pointe vers l'avant.

▲ **La mante pèse 680 kilos et a une envergure de 6 m : une bien grosse cousine!**

LA RAIE CORNUE

La mante, ou «raie cornue», présente deux appendices charnus de chaque côté de la bouche, comme deux cornes. Ces nageoires céphaliques servent à canaliser le courant d'eau chargé de plancton et de petits poissons vers sa gigantesque bouche.

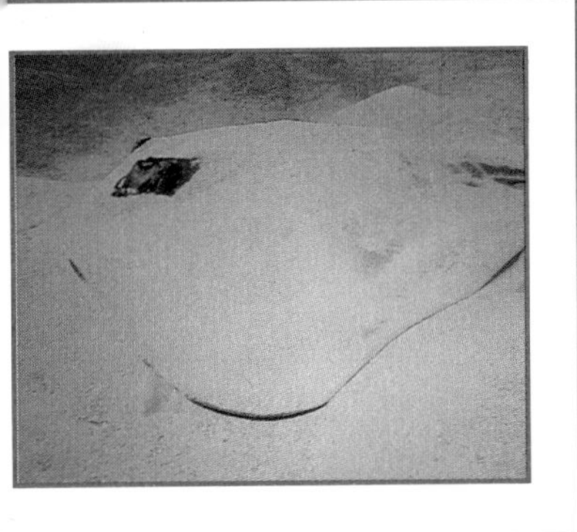

À TRAVERS LE MONDE

Les pastenagues vivent dans les eaux côtières, généralement enfouies dans le sable du fond. On en compte plus de cent espèces, dont certaines, très grosses, pèsent plus de 270 kilos, et d'autres, très grandes, présentent une envergure de plus de 3 m.

La pastenague à points bleus, qui vit dans la Mer rouge, sur les côtes de l'Égypte.

Autre espèce de pastenague, qui vit au large des côtes du Mexique.

QUEL CHOC! ▶

Certaines espèces de raies peuvent infliger des chocs électriques. L'une d'entre elles se nomme «torpille». Pour se nourrir, avec ses nageoires pectorales, elle enveloppe de petits poissons et des coquillages, pour ensuite les paralyser en leur infligeant un choc électrique de 200 volts ou plus.

LE POISSON-SCIE ▼

Il suffit de le regarder pour comprendre d'où vient son nom. Il a le museau en forme de lame de scie, garni de chaque côté de dents extrêmement tranchantes. Pour se nourrir, le poisson-scie fonce dans un banc de poisson et agite la tête; ça tombe de tous les côtés!

Le poisson-scie

DES ŒUFS EN CAPSULE

Les œufs du pocheteau sont enclos dans une capsule; on en trouve souvent sur les plages. Ces capsules sont comme de petites pochettes rectangulaires, effilées à chaque coin. Dans l'ancien temps, on croyait que ces pochettes étaient laissées sur la plage par des sirènes; en anglais, on les appelle encore «œufs de sirènes».

LE POCHETEAU

Quelle est donc cette ombre qui agite le sable du fond? C'est un pocheteau qui passe. Le pocheteau appartient au groupe des raies. Il a la forme d'un losange, et, lorsqu'il nage, ses nageoires pectorales sont animées d'un mouvement ondulatoire. Il se nourrit de poissons, de bigorneaux et de moules qu'il recueille sur le fond marin. Il peut atteindre une taille de 19,5 m et peser jusqu'à 45 kilos.

LES REQUINS ET L'HOMME

L'image du requin est souvent associée à la peur et au danger. Mais, à force de l'étudier, les savants en sont venus à voir en lui autre chose qu'un tueur. En vérité, les humains sont plus dangereux pour les requins que le contraire. Les requins se font chasser et molester par les humains, et leur habitat se fait polluer, ce qui décime parfois des populations entières.

Il arrive que des requins, comme cet aiguillat, se prennent dans un filet de pêche et finissent par mourir.

La mâchoire de ce peau-bleue a probablement été déchirée par une ligne à pêche ou un filet.

DES DENTS QUI VALENT TRÈS CHER

Depuis toujours, les dents de requin sont considérées comme des trésors. Chez certains peuples, les dents fossiles servent de charme pour éloigner l'esprit du mal et protéger contre les empoisonnements. Dans les îles du Pacifique, on s'en servait pour fabriquer des armes (ci-contre). De nos jours, on en fait des bijoux.

UN CUIR QU'ON APPELLE GALUCHAT

Depuis des centaines d'années, on chasse les requins pour leur peau. Le cuir de requin est cent fois plus résistant que le cuir de vache. On s'en sert en maroquinerie de luxe, pour fabriquer des chaussures, des ceintures et des sacs à main.

QU'EST-CE QU'ON MANGE?

Et pour vous, ce sera une soupe aux ailerons de requin ou un steak de requin? Incroyable, mais vrai. La soupe aux ailerons de requin est faite avec les fibres qu'on trouve dans les nageoires; par ailleurs, la chair du requin est délicieuse, sous toutes formes de cuisson.

Ce pêcheur vient d'attraper un requin-taupe.

Souvent les pêcheurs coupent les ailerons des requins et rejettent à la mer le reste de la carcasse. C'est regrettable!

ET POUR SE SOIGNER?

Jusque dans les années 1950, le foie de requin était une source importante de vitamine A, jusqu'à ce que les savants aient trouvé le moyen d'en fabriquer par synthèse. Mais le requin a gardé son utilité en médecine, puisque, actuellement, on extrait du cartilage des requins une substance qui est utilisée dans la fabrication de la peau artificielle dont on se sert pour soigner les grands brûlés; on a également réussi à transplanter de la cornée de requin à des humains.

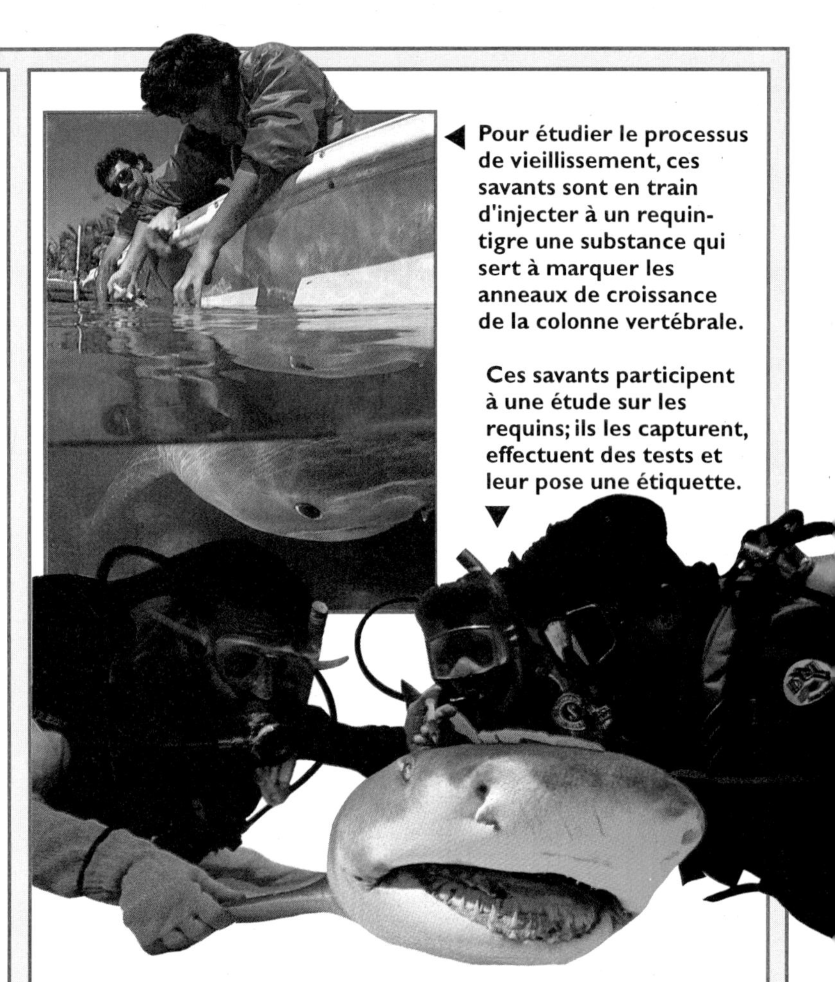

◀ Pour étudier le processus de vieillissement, ces savants sont en train d'injecter à un requin-tigre une substance qui sert à marquer les anneaux de croissance de la colonne vertébrale.

Ces savants participent à une étude sur les requins; ils les capturent, effectuent des tests et leur pose une étiquette. ▼

UNE POPULATION SOUS OBSERVATION

Les savants étudient les requins pour le plaisir d'en savoir plus sur leur comportement; mais ce n'est pas une tâche facile. Lorsqu'ils localisent un requin, au grand large, celui-ci n'est pas nécessairement en train d'exécuter le comportement qu'ils veulent étudier, comme de mettre bas, de nager en banc ou de dormir. Pour y arriver, ils ont mis au point des techniques d'étiquetage et de capture.

▼ Ci-dessous, un savant observe le courant d'eau dans l'appareil respiratoire d'un requin-nourrice.